La fiebre del oro

Monika Davies

Asesoras

Kristina Jovin, M.A.T.
Distrito Escolar Unificado Alvord
Maestra del Año

Jessica Buckle
Distrito Escolar Fullerton

Créditos de publicación

Rachelle Cracchiolo, M.S.Ed., *Editora comercial*
Conni Medina, M.A.Ed., *Redactora jefa*
Emily R. Smith, M.A.Ed., *Realizadora de la serie*
June Kikuchi, *Directora de contenido*
Caroline Gasca, M.S.Ed., *Editora superior*
Marc Pioch, M.A.Ed., y Susan Daddis, M.A.Ed., *Editores*
Sam Morales, M.A., *Editor asociado*
Courtney Roberson, *Diseñadora gráfica superior*
Jill Malcolm, *Diseñadora gráfica básica*

Créditos de imágenes: portada y pág.1 Look and Learn/Bridgeman Images; págs.2–3 Ann Ronan Pictures/Print Collector/Getty Images; págs.4–5 Bridgeman Images; pág.6 (recuadro) National Museum of American History, Kenneth E. Behring Center, Smithsonian Institution; págs.6–7, 8, 11 (superior), 18–19, 21, 26–27 Granger, NYC; pág.7 Hulton Archive/Getty Images; págs.10–11 MPI/Getty Images; págs.13, 29 (centro) Nancy Carter/North Wind Picture Archives; págs.14–15 Photo Researchers, Inc/Alamy Stock Photo; pág.15 (superior) Creative Commons de Kaidor, usada bajo CC BY-SA 3.0/https://goo.gl/jgHXyS; págs.16–17 Matthew Kiernan/Alamy Stock Photo; pág.17, 24, 29 (superior), 31 North Wind Picture Archives; pág.20 cortesía de California History Room, California State Library, Sacramento, California; págs.22–23, 29 (inferior) Chronicle/Alamy Stock Photo; pág.25, 32 Universal History Archive/UIG a través de Getty Images; pág.26 (certificado de acciones) Old West History Store; todas las demás imágenes cortesía de iStock y/o Shutterstock.

Todas las compañías y los productos mencionados en este libro son marcas registradas de sus respectivos dueños o desarrolladores, y se usan en este libro con fines estrictamente editoriales; el autor y el editor comercial no reclaman ningún derecho comercial sobre su uso.

Library of Congress Cataloging-in-Publication Data

Names: Davies, Monika, author.
Title: La fiebre del oro / Monika Davies.
Other titles: Gold Rush. Spanish
Description: Huntington Beach : Teacher Created Materials, 2020. | Audience: Grade 4 to 6. | Summary: "In 1848, gold was discovered in California. This find caused great excitement! People came from around the world to make their fortunes. The Gold Rush brought big changes to the state. Let's take a look back at this golden age in California history!"-- Provided by publisher.
Identifiers: LCCN 2019016048 (print) | LCCN 2019981178 (ebook) | ISBN 9780743912709 (paperback) | ISBN 9780743912716 (ebook)
Subjects: LCSH: California--Gold discoveries--Juvenile literature. | California--History--1846-1850--Juvenile literature.
Classification: LCC F865 .D26418 2020 (print) | LCC F865 (ebook) | DDC 979.4/04--dc23
LC record available at https://lccn.loc.gov/2019016048
LC ebook record available at https://lccn.loc.gov/2019981178

Teacher Created Materials

5301 Oceanus Drive
Huntington Beach, CA 92649-1030
www.tcmpub.com

ISBN 978-0-7439-1270-9

© 2020 Teacher Created Materials, Inc.
Printed in China
Nordica.102019.CA21901929

Contenido

Hacer fortuna

El agua del río de los Americanos te llega a las rodillas. Tus manos sujetan una **criba**. Hay rocas y **sedimento** en su interior. Sacudes el recipiente de metal de un lado a otro para tratar de quitar la capa superior de tierra. Es el año 1849. Eres minero durante la fiebre del oro de California. Hace 12 horas que estás cribando oro. Te duele la espalda. Tienes los pies fríos como cubitos de hielo, pero no te detienes. Tienes la esperanza de que hoy sea el día. Hoy será el día en que harás fortuna.

Para muchos mineros de la época, estas dificultades eran diarias. La fiebre del oro trajo cambios grandes —tanto positivos como negativos— en California. Demos un vistazo a esta época dorada de la historia de California.

¡Eureka!

¿Alguna vez observaste con atención el sello del estado de California? En la parte superior se ve el lema del estado, "Eureka". Significa "lo encontré" en griego. El lema se refiere al descubrimiento de oro en el estado.

Civismo

La jerga de la fiebre del oro

¡Desempolvemos algunas de las expresiones que se usaban durante la fiebre del oro! Los "lavadores de oro" (mineros artesanales) trabajaban en una "concesión" (mina) para hallar "un **filón** dorado" (oro).

Unos mineros buscan oro en los ríos durante la fiebre del oro.

Sutter's Mill

El 24 de enero de 1848, James Marshall estaba construyendo un aserradero impulsado por agua. El aserradero, conocido como "Sutter's Mill", estaba a unas 50 millas (80 kilómetros) al este del lugar donde hoy se ubica Sacramento, en California. Marshall no tenía idea del papel **crucial** que él tendría en la historia.

Mientras observaba el río de los Americanos, le llamó la atención un destello en el agua. Era una partícula dorada que brillaba prometedora. "Me dio un vuelco el corazón, porque estaba seguro de que era oro", dijo Marshall algunos años después.

¡Es oro!

Se extrajeron unas 750,000 libras (340,000 kilogramos) de oro durante la fiebre del oro. La mayor parte eran partículas y pepitas pequeñas. ¡La pepita de oro más grande pesaba 195 libras (88 kilogramos)! Fue hallada en 1854 en Carson Hill, California.

primera pepita de oro hallada en Sutter's Mill

Marshall les mostró la pepita a los trabajadores del aserradero. Luego, le llevó el hallazgo a John Sutter, su jefe. Sutter no quería que le contaran a nadie sobre el oro. Sabía que la gente llegaría en masa a sus tierras para buscar más oro. Sería un desastre. Los dos hombres prometieron guardar el secreto. Pero la noticia no tardó en darse a conocer.

el aserradero de Sutter, 1848

La colonia de Sutter

John Sutter era de Suiza. En 1839, tenía serios problemas económicos. Decidió dejar su hogar y marcharse a California. Allí, recibió un terreno grande. Fundó una colonia llamada *Nueva Helvetia*, que significaba "Nueva Suiza". Eligió el nombre en homenaje a su país natal.

Se corre la voz

Los rumores del hallazgo de oro en las tierras de Sutter ganaban fuerza. Al poco tiempo, las personas del lugar empezaron a buscar oro. En abril de 1848, Sam Brannan exploró las minas de oro que habían surgido en las tierras de Sutter. Brannan era un empresario que había creado un periódico llamado *California Star*. El año anterior, había abierto una tienda en la colonia de Sutter.

Brannan no fue a las minas en busca de oro. En cambio, compró para su tienda todas las palas, cribas y picos que pudo hallar. Sabía que los mineros necesitarían suministros.

Un mes después, el 12 de mayo, Brannan viajó a San Francisco. Recorrió las calles agitando una botella pequeña con pepitas de oro. "¡Oro! ¡Oro! ¡Hay oro en el río de los Americanos!", gritaba.

Sus palabras desataron un **frenesí**. En cuestión de semanas, muchas personas abandonaron San Francisco. Los hombres iban a las minas para "hacer fortuna". Al cabo de unos pocos años, Brannan se convirtió en el primer millonario de California.

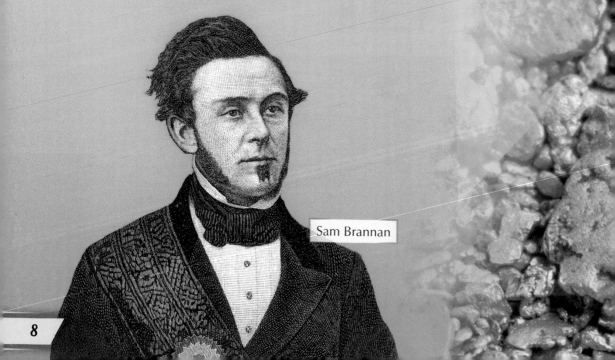

Sam Brannan

Ganar millones

Brannan abrió su primera tienda en el fuerte de Sutter en 1847. Meses después, se enteró del descubrimiento de oro en Coloma. Abrió su segunda tienda allí. Había días en los que ganaba hasta $5,000. ¡Eso hoy equivale a más de $120,000! Con el tiempo, abrió una tercera tienda. Brannan se convirtió en uno de los propietarios de tierras más ricos de la época.

Economía

The California Star

VOL. 4   YERBA BUENA, 10 DE JUNIO DE 1848   N.º 9

LA CONMOCIÓN Y EL ENTUSIASMO DE LA BÚSQUEDA DE ORO AÚN CONTINÚAN Y AUMENTAN.

Muchos de nuestros compatriotas no están dispuestos a hacernos justicia con respecto a la opinión que en varias ocasiones hemos expresado sobre el empleo que tiene ocupados a dos tercios de los hombres blancos del país. Al parecer, ha circulado la idea de que debemos alzar la voz en contra de lo que alguno ha llamado un "encaprichamiento". Estamos muy lejos de eso e invitamos a una calma recapitulación de nuestros artículos sobre el tema, que son en sí mismos ampliamente satisfactorios. Continuaremos reportando el progreso del trabajo, hablando dentro de ciertos límites y aprobando, reprendiendo o censurando abiertamente todo lo que, en nuestra opinión, requiera que así lo hagamos.

Es totalmente innecesario recordar a nuestros lectores las "perspectivas de California" en este momento, ya que los efectos de este entusiasmo por el lavado de oro en el país y a través de cada rama del comercio son inequívocamente evidentes para todos. Baste decir que no hay una disminución y que probablemente se tomarán medidas activas para prevenir consecuencias realmente serias y alarmantes.

Cada puerto marítimo hasta San Diego en el sur, cada pueblo interior y casi todos los ranchos, desde el pie de las montañas donde se descubrió el oro hasta la misión de San Luis, al sur, han quedado súbitamente sin habitantes. Estadounidenses, californianos, indígenas e isleños de las islas Sándwich, hombres, mujeres y niños, indiscriminadamente. Si el éxito que ha recompensado los esfuerzos de los que trabajaron el mes pasado se repitiera durante este mes y el próximo, como son las expectativas de muchos optimistas, y confesamos sin vacilar que lo creemos probable, no solo seremos testigos de la despoblación de todos los pueblos, del abandono de todos los ranchos y de la desolación de los que fueron prometedores campos de cultivos del país, sino que también atraeremos a pobladores de territorios adyacentes: despierta Sonora, y viene hacia aquí, a pesar de sus batallas contra los indígenas, gran cantidad de la buena gente de Oregón. Hay en este momento más de mil almas ocupadas lavando oro, y lo producido por día se podría estimar, sin temor a equivocarse, entre quince y veinte dólares por individuo.

Por cada embarcación que zarpa del embarcadero de Nueva Helvetia, tenemos otras que traen de regreso a entusiastas buscadores de oro, jefes de familia, que transportan a sus familias a la escena de sus exitosos esfuerzos, u otros, que simplemente regresan más equipados para una estancia prolongada o quizá permanente.

Palas, picos, recipientes de madera, cestas indígenas (para lavar oro), etc., se adquieren en abundancia y muy frecuentemente se venden a precios exorbitantes.

La región del oro, como la llaman, que se ha explorado hasta ahora, mide aproximadamente cien millas de largo y veinte de ancho. Estas exploraciones imperfectas contribuyen a establecer la certeza de que el depósito se extiende mucho más al sur, probablemente trescientas o cuatrocientas millas, como hemos dicho antes, mientras que es posible que termine a aproximadamente una legua al norte del lugar donde se descubrió por primera vez. La cantidad probable que se extrajo de esas montañas desde el primero de mayo pasado, según nos informaron, es $100,000, lo cual está en este momento principalmente en manos de clases trabajadoras mecánicas y agrícolas.

Hay un área explorada, dentro de la cual un conjunto de 50,000 hombres pueden trabajar en una posición ventajosa. Si no interfieren maliciosamente entre sí, entonces, no tiene por qué haber disputas ni desacuerdos, sobre lo cual, hasta ahora, nos alegra saber que existe un clima de paz y armonía. Realmente esperamos que no surjan hechos desagradables de este entusiasmo y que nuestros temores se disipen gracias a la paciencia y la buena voluntad de los buscadores de oro.

Se desata la fiebre

Ya en 1849, la noticia de la fiebre del oro en California había sacudido a la nación. Los habitantes de la Costa Este y el Medio Oeste hacían planes para mudarse al Oeste. La **migración** hacia el Oeste había comenzado.

Las personas se arriesgaban mucho para buscar oro. Los trabajadores que tenían salarios bajos creían que la fiebre del oro era un boleto directo a la riqueza. Sin embargo, estos mineros optimistas primero tenían que llegar a California.

Había dos maneras de llegar al Oeste. La primera era en barco. Desde Nueva York, se tardaba entre seis y ocho meses. El barco rodeaba América del Sur. Se desembarcaba en San Diego o en San Francisco.

La segunda opción era viajar por tierra. Desde el Medio Oeste, era un viaje de unas 2,000 millas (3,200 kilómetros). Había que recorrer dos caminos. El primero era el Camino de Oregón. Luego, se separaba y formaba el Camino de California. El viaje duraba entre tres y seis meses. Ambas opciones eran difíciles, ¡pero las personas creían que valía la pena arriesgarse!

Viajes difíciles

El viaje por mar alrededor de América del Sur era muy penoso. Había poca agua dulce y pocas frutas y verduras. Los mareos eran frecuentes. Viajar por tierra llevaba menos tiempo, pero los migrantes debían estar preparados para las emergencias. No había muchos puestos comerciales y la mayoría de los viajeros por lo general no tenían bienes para intercambiar.

Geografía

guía de 1849 sobre las minas de oro en California

Del fuerte de Sutter a Sacramento

La fiebre del oro fue la ruina de John Sutter. Su colonia fue invadida por los buscadores de fortuna. Agobiado por las deudas, le **cedió** las tierras a su hijo. Su hijo las convirtió en un nuevo asentamiento que se llamó Sacramento.

AN ACCOUNT OF
CALIFORNIA,
AND THE
WONDERFUL GOLD REGIONS.

A New Arrival at the Gold Diggings.

WITH A DESCRIPTION OF
The Different Routes to California;
Information about the Country, and the Ancient and Modern Discoveries of Gold;
How to Test Precious Metals; Accounts of Gold Hunters;
TOGETHER WITH MUCH OTHER
Useful Reading for those going to California, or having Friends there.
ILLUSTRATED WITH MAPS AND ENGRAVINGS.

BOSTON:
PUBLISHED BY J. B. HALL, 66 CORNHILL.
For Sale at Skinner's Publication Rooms, 60½ Cornhill.

Price, 12½ cents.

Sacramento, 1850

Los migrantes llegaban a California en masa. A fines de 1848, había unos 5,000 mineros buscando oro. En 1849, ese número aumentó 10 veces, a 50,000.

A los mineros se los llamaba los *forty-niners*, o "los del 49", por el año. Llegaban en grupos muy numerosos. La mayoría venía del Medio Oeste y la Costa Este. Pero la noticia de la fiebre del oro pronto superó las fronteras de Estados Unidos. Personas de Europa y Asia empezaron a llegar en busca de oro.

Todos tenían el mismo sueño dorado, pero se encontraban con la **cruda** realidad. Los **mitos** sobre la fiebre del oro describían lechos de ríos cubiertos de oro. Parecía muy sencillo. Pero la minería era muy trabajosa. Para hallar oro, hay que romper las piedras. Los mineros debían trabajar en ríos helados. Escarbaban en la tierra. Pasaban horas cribando oro. Las manos les quedaban en carne viva y sangraban. A veces, hasta se les caían las uñas.

Cómo cribar oro

1. Escoge un lugar donde se haya descubierto oro.

2. Llena tu criba de tierra y rocas de aspecto prometedor.

3. Sacude la mezcla para que el oro se asiente en el fondo. (Recuerda: ¡el oro es pesado!).

4. Mueve la mezcla con cuidado para lograr que las capas superiores se derramen fuera de la criba. (Hazlo lentamente).

5. Las partículas de oro deberían asentarse en el fondo de la criba. ¡Eureka!

Un minero criba oro en el río de los Americanos.

Los tiempos cambian

La fiebre del oro transformó California. Pero los años que se vivieron justo antes de la fiebre del oro también fueron una época de cambio para el estado. La región formaba parte de México, pero Estados Unidos la quería. En 1846, los dos países se enfrentaron en una guerra. Lucharon durante dos años. El 2 de febrero de 1848, firmaron un tratado. California pasó a formar parte de Estados Unidos.

Casi al mismo tiempo, se descubrió oro en Sutter's Mill. ¡Pasaron apenas nueve días entre estos dos sucesos clave! En unos meses, miles de personas llegaron al estado. Sus vidas cambiarían para siempre. Las vidas de quienes ya vivían en el estado también cambiarían.

La primera batalla de la guerra entre México y Estados Unidos tuvo lugar el 8 de mayo de 1846.

TERRITORIO
CEDIDO

ESTADOS
UNIDOS

OCÉANO
PACÍFICO

MÉXICO

Golfo de California

Golfo de México

Tratado de Guadalupe Hidalgo

México y Estados Unidos firmaron un tratado para poner fin a la guerra. Estados Unidos recibió 525,000 millas cuadradas (1,360,000 kilómetros cuadrados) de territorio. Estas tierras incluían a California. México recibió $15 millones como pago.

Civismo

Los californios

Mariano Guadalupe Vallejo era un líder mexicano. Era de una familia de ganaderos de clase alta. Había muchos ganaderos ricos en la zona. Los llamaban "californios". Vallejo apoyaba la idea de que Estados Unidos **anexara** su tierra natal. Pensaba que sería bueno para los habitantes. Luego, se desató la fiebre del oro. Miles de colonos blancos llegaron al estado. Los californios pronto se convirtieron en una **minoría** en sus propias tierras.

Rancho Petaluma

Vallejo fundó Rancho Petaluma en 1834. Allí todavía se mantiene en pie el edificio de **adobe** más grande del país. El rancho obtenía la mayor parte de sus ingresos de la venta de cuero de vaca y **sebo**. También había una estructura donde se almacenaban cereales y cosechas. El edificio de adobe (que se muestra arriba) actualmente forma parte de un parque estatal.

Economía

Vallejo tuvo una carrera larga. Pero su apellido no lo protegió. Perdió tierras y dinero. Su rancho original abarcaba 250,000 acres. Se redujo a 300 acres. Estados Unidos nunca le pagó por sus pérdidas. De joven, era rico y fuerte. Hacia el final de su vida, era pobre y débil.

Después de la guerra, se suponía que los californios serían tratados como ciudadanos estadounidenses. Pero, debido a la fiebre del oro, eso no sucedió. Quedaron al margen. La fiebre del oro trajo riquezas a algunos mineros. Pero para otras personas, como los californios, significó la ruina. Vallejo nunca recuperó la totalidad de sus tierras.

Prisionero

Vallejo pasó un tiempo en el fuerte de Sutter. Pero no por la fiebre del oro. En 1846, un grupo de colonos estadounidenses se enfrentaron con el gobierno mexicano. Este acontecimiento se llamó "Rebelión de la Bandera del Oso". Vallejo fue prisionero en el fuerte durante dos meses.

Los chinos

Los californios no fueron los únicos que sufrieron **discriminación**.
La fiebre del oro atrajo al estado a personas de todo el mundo. Pero,
a medida que el oro **escaseaba** más y más, las tensiones aumentaban.
Algunos colonos blancos creían que el oro les pertenecía. Consideraban
que los otros grupos **étnicos** eran una amenaza.

Muchos mineros llegaban de China. Al principio, los demás
mineros sentían curiosidad sobre los nuevos pobladores. Luego,
llegaron más inmigrantes chinos. La competencia por el oro
aumentó. Con el tiempo, el resentimiento hacia los mineros
chinos creció.

campamento de buscadores de oro chinos

En 1850, se estableció el impuesto a los mineros extranjeros. Les cobraban $20 mensuales a los mineros de otros países por trabajar en Estados Unidos. Ese valor hoy equivale a más de $575 mensuales. Era injusto cobrar impuestos a las personas según su origen étnico. Muchos mineros chinos dejaron de buscar oro. Se mudaron a las ciudades. Allí abrieron tiendas. Aun así, muchos estadounidenses blancos culpaban a los inmigrantes por sus problemas.

Un lugar seguro

¿Sabías que San Francisco tiene el **barrio chino** más grande fuera de China? ¡También fue el primer barrio chino de Estados Unidos! Surgió durante la fiebre del oro. Ofreció a los inmigrantes chinos un lugar seguro donde podían sentirse como en casa.

Geografía

Las mujeres en las minas

La mayoría de los que migraban a California eran hombres. Louise Clappe fue una de las pocas mujeres que se animó a ir a la nueva frontera. Llegó con su esposo, un médico.

Entre 1851 y 1852, Clappe escribió cartas a su hermana, que vivía en el Este. En esa época, Clappe vivía en Rich Bar, California. Era un pueblito repleto de mineros hambrientos de oro. Sus cartas ofrecen una imagen vívida de la vida del minero.

Clappe describió su nuevo hogar: "no hay periódicos, ni iglesias, […] ni teatros; no hay libros nuevos, no hay lugares donde comprar, […] no hay correo diario (tenemos un servicio rápido una vez al mes); las únicas hortalizas son las papas y las cebollas, no hay leche, ni huevos, ni *nada*".

Sin embargo, Clappe, era feliz. Sus cartas ofrecían un vistazo de su mundo **rústico** lejos de la "civilización" del Este. Escribió 23 cartas en total bajo el **seudónimo** "Dame Shirley". Las cartas se conocieron como "Shirley Letters" (Las cartas de Shirley).

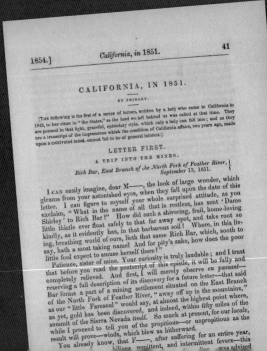

Las cartas de Louise Clappe se publicaron en una revista en la década de 1850. Tiempo después, se publicaron en forma de libro (izquierda).

¡Muchas menos!

En 1850, se realizó un **censo** en el estado. Había muchos más hombres que mujeres. Se contaron más de 85,000 hombres. ¡Pero en el estado vivían solamente 7,000 mujeres!

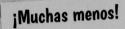

mineros en 1852

El pan de Wilson

Luzena Wilson fue muy práctica durante la fiebre del oro. Como era una de las pocas mujeres en el estado, los hombres pagaban muy bien por sus comidas caseras. Se dice que la primera venta de Wilson fue un pan casero que vendió a $10. En dinero actual, ¡serían más de $280! ¡Ese sí que es un pan costoso!

Economía

Un paisaje cambiante

California se convirtió en estado en 1850 y siguió creciendo. Al cabo de un año, había más de 125,000 habitantes en el estado. Surgieron pueblos de rápido crecimiento, o *boomtowns*. San Francisco creció de golpe. La ciudad solía ser una aldea diminuta. En 1851, ochocientos barcos habían atracado allí. Un año después, más de 30,000 personas vivían en la ciudad.

Aún se cribaba oro. Las minas se desbordaban de gente. Pero cada vez se encontraba menos oro. En general, los agricultores tenían una vida mejor. Ganaban más dinero que los mineros.

La madera llega a buen puerto

Miles de barcos atracaban en el puerto de San Francisco. Pero, una vez que las personas llegaban, dejaban los barcos abandonados. Sin embargo, la madera de los barcos no se desaprovechaba. Los obreros la usaban para construir casas y tiendas, entre otras cosas.

Algunos mineros sí lograron **dar con un filón**. En el pueblo de Rich Bar, los mineros hallaron más de $23 millones en oro. ¡Eso valdría más de $725 millones en la actualidad!

Por supuesto, los años dorados no duraron para siempre. Las minas de oro se agotaron. Pero las ciudades quedaron. Y los migrantes, también. La California actual creció a partir de esos pueblos mineros antiguos.

El *hangtown fry*

¡Prueba un *hangtown fry*! Este omelet de ostras es uno de los primeros platos que se inventaron en California. Se dice que un hombre que había hecho fortuna pidió la comida más costosa posible. ¡El *hangtown fry* se preparó con huevos que valían $1 cada uno y ostras que valían 50¢ cada una!

San Francisco, alrededor de 1850

Explosión demográfica

Los inmigrantes sufrieron durante la fiebre del oro. Muchos no eran bien recibidos. Pero seguían llegando al estado. Cruzaban el océano desde Francia, China y Japón. Viajaban hacia el norte desde América del Sur y México. Los estadounidenses también se trasladaban al Oeste. A mediados de la década de 1850, 1 de cada 90 estadounidenses vivía en California. Muchas personas que llegaron en busca de oro decidieron quedarse. Se dedicaron a la agricultura y a otros trabajos.

San Francisco era una de las ciudades más grandes del Oeste. Siguió creciendo aun cuando la fiebre del oro pasó. Luego, llegó a la ciudad el primer ferrocarril **transcontinental**. Gracias al tren, aún más personas se trasladaron al Oeste.

La economía del estado prosperó enormemente. El estado recibía grandes cantidades de dinero. Se formaron ciudades enormes junto a la costa, desde San José hasta San Diego.

La minería hidráulica aceleró la búsqueda de oro.

California toma otra forma

La fiebre del oro cambió vidas. ¡Y también cambió el paisaje del estado! Una vez que se acabó todo el "oro superficial", los mineros se volcaron a la minería hidráulica. Los chorros de agua lavaban las laderas de las montañas. Eso alteró el aspecto del terreno… para siempre.

Geografía

Ovejas por todas partes

La ganadería fue muy importante durante la fiebre del oro. ¡Los mineros querían comer carne! Como resultado, la cría de ovejas aumentó muchísimo. Al comienzo de la fiebre del oro, había apenas 20,000 ovejas en el estado. Durante los siguientes 20 años, ¡el número de ovejas llegó a 2.75 millones!

San Francisco, alrededor de 1878

El sueño californiano

La fiebre del oro transformó California. La población del estado se disparó. Su economía creció. Las ciudades se expandieron. Surgieron nuevos pueblos. El estado no sería lo que es hoy de no ser por la fiebre del oro.

Se considera que California es un estado dorado por otros motivos. Muchas industrias florecen allí. La agricultura y la tecnología han dejado su huella en el estado. Las industrias aeroespacial y cinematográfica también son enormes.

Las personas siguen yendo a California. Algunos esperan hacerse ricos rápidamente, al igual que "los del 49". Otros llegan para disfrutar de la belleza y el clima del estado. El Estado Dorado tiene un origen dorado. Y su futuro también lo es.

Acciones alternativas

Las empresas mineras vendían acciones (como la que se muestra arriba). Cada acción valía una parte igual de la empresa. Los compradores de acciones poseían una parte de la empresa. Todo el oro que se hallaba en el terreno de la empresa minera se dividía entre las personas que poseían las acciones. Esta era una manera de ganar dinero durante la fiebre del oro sin tener que cavar y cribar.

Economía

El Estado Dorado

La mayoría piensa que el descubrimiento del oro es el único motivo por el que California tiene este apodo. Pero hay otra razón. En primavera, crecen amapolas doradas en campos de todo el estado. Este es el apodo oficial del estado desde 1968.

Unos mineros buscan oro al pie de la Sierra Nevada.

¡Escríbelo!

Eres un miembro del grupo de los *forty-niners*, o "los del 49" y acabas de llegar a California. Es 1849 y las minas están llenas de gente. Pero eso le pone emoción a la vida, ¡en especial porque sabes que hay oro! Hace un mes que buscas oro. Aunque aún no tienes pepitas en el bolsillo, estás convencido de que tu suerte cambiará pronto.

Escríbele una carta a tu familia, que vive en el Este. Cuéntales detalles emocionantes que los ayuden a visualizar tus experiencias. Tu carta podría incluir detalles sobre lo siguiente:

- tu viaje a California
- las condiciones de las minas de oro
- la cantidad de dinero que gastas en comida
- la manera en que cribas oro
- tus nuevos amigos
- tu impresión del Oeste

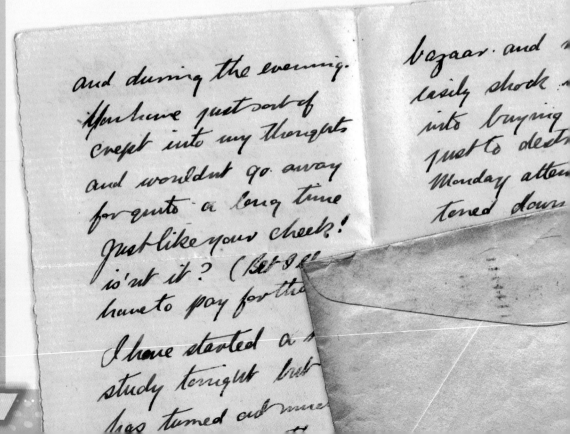

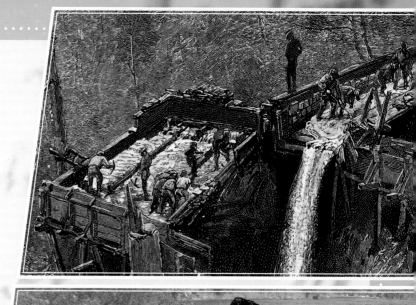

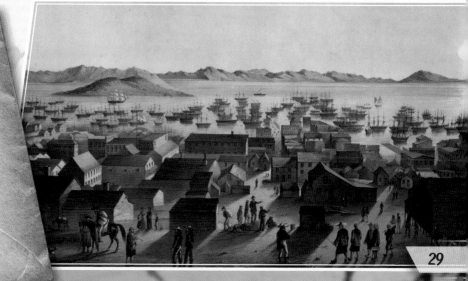

Glosario

adobe: una masa de barro mezclado con paja, moldeada en forma de ladrillo y secada al sol

anexara: tomara un área o una región y la incorporara a un país, estado, etc.

barrio chino: una parte de una ciudad en la que hay una mayoría de habitantes y tiendas chinas

cedió: transfirió una propiedad o un terreno a otra persona

censo: un recuento oficial de las personas que viven en un lugar determinado en un momento determinado

criba: un instrumento que se usa para separar las partes finas y las gruesas de una materia

crucial: muy importante

cruda: desagradable y difícil de aceptar o vivir

dar con un filón: encontrar algo de lo que se espera sacar mucho provecho

discriminación: el trato injusto debido a diferencias, como la raza, el género, el aspecto o la edad

escaseaba: se reducía, se acababa

étnicos: relacionados con grupos de personas que tienen lazos culturales en común

filón: un metal que se encuentra en la grieta de una roca

frenesí: una actividad intensa y, por lo general, descontrolada

migración: el desplazamiento desde un país o lugar hasta otro

minoría: la parte más pequeña de un grupo más grande

mitos: relatos que muchos creen ciertos, pero que en realidad son falsos

rústico: que se relaciona con el campo o pertenece a él

sebo: la grasa de vacas y ovejas que se usa para hacer cosas como jabones y velas

sedimento: las partículas que se asientan en la base de un líquido

seudónimo: el nombre falso que usa un autor, en lugar del suyo propio

transcontinental: que cruza un continente

Índice

¡Tu turno!

Urbanista

A medida que llegaban más y más personas a California debido a la fiebre del oro, ¡las ciudades nacían casi de un día para otro! Imagina que eres urbanista. Puedes decidir dónde se construirán las calles y los edificios. Diseña una ciudad para todas las personas que se muden a la zona.

Piensa en las cosas que necesitarán las personas. ¿Dónde ubicarás las tiendas que venden alimentos y suministros para la minería? ¿Dónde construirás un hospital? ¿Qué otros edificios se necesitan para satisfacer las necesidades de esta población en crecimiento?